Pop-Corn

Les oiseaux de nuit

Collection : « Rideaux Rouges »

Dirigée par Aurélie Vauthrin-Ledent

Les Oiseaux de nuit – Théâtre – 2020
Les amis mots de compagnie ASBL
Email : lesoiseauxdenuit.editions@yahoo.com
ISBN : 978-2-931101-18-6
EAN : 978293110186

PIETRO PIZZUTI

POP-CORN

Les oiseaux de nuit

Collection : « Rideaux Rouges »

Du même auteur aux Oiseaux de nuit :

COUP DE GRÂCE

KIF-KIF

L'INITIATRICE

QUI A TUE AMY WHYNEHOUSE ?

***PIETRO PIZZUTI** est né à Rome, diplômé en sociologie à l'Université Catholique de Louvain et en art dramatique au Conservatoire de Bruxelles. Interprète plus de soixante rôles au théâtre et au cinéma, et met en scène une trentaine de spectacles. Il a été artiste en résidence à l'Université Catholique de Louvain, chargé de cours au Conservatoire de Bruxelles et de Mons, ainsi que conseiller artistique à la Maison du Spectacle - la Bellone et fondateur de Les Brigittines - Centre d'Art contemporain et du Mouvement de la ville de Bruxelles. Il a reçu plusieurs prix en tant que comédien, auteur et metteur en scène. Parmi ses dernières pièces : L'initiatrice, Kif-Kif, Qui a tué Amy Winehouse ? Pop-Corn, Coup de grâce et Le purgatoire de Robin Vandenbos. Il traduit plusieurs auteurs italiens dont Stefano Massini (Femme non rééducable, Lehman Trilogy), Fausto Paravidino (Nature morte dans un fossé, Exit). Plusieurs de ses pièces sont éditées chez Lansman et ses traductions à L'Arche. (http://www.pietropizzuti.be/)*

À Sabina Guzzanti et à tous les clowns éveillés,
en mémoire d'Anna Politkovskaïa
et de toutes les consciences
que les gouvernements assassinent
avec la complicité des médias,

merci à Nathalie Mattheeuws Seys et
à Daniela Bisconti,

Bruxelles, 16 mars - 24 avril 2009
15 novembre 2012 ou pas

MartO, sexy-clown plébiscitée, explose l'audimat. Elle est la présentatrice vedette de « Pop-Corn, le show qui saute qui peut ! ».

Le show télévisé le plus politiquement incorrect de la décennie. Les règles du jeu sont claires : elle y reçoit les politiciens et les personnalités les plus en vue, les asperge de questions-pièges et d'insinuations fumeuses comme huile bouillante, puis se délecte à les voir sauter à qui mieux-mieux dans la poêle chauffée à blanc de son plateau télévisé. Tous les coups lui sont permis.

Résultat : deux heures de délire télévisuel irrésistible. MartO au nez rouge et au body arc-en-ciel est imparable : son sex-appeal et son professionnalisme la mettent à l'abri de tout. Sa direction la couvre... jusqu'au jour où une décision « d'en haut » la suspend de ses fonctions. Le soir même, elle frappe au bureau de l'Administratrice Générale de la chaîne : Maude Brassin, son ex-compagne.

MartO : la fin de la trentaine, malgré sa gouaille elle n'a aucune vulgarité. Sa beauté sensuelle contraste avec sa fourberie irrévérencieuse. Son nez rouge et l'harmonie de sa silhouette sont ses meilleurs atouts.

Maude Brassin : le début de la quarantaine, son élégance naturelle masque à bon escient l'enjeu qui la motive : faire cadrer sa rectitude avec la compromission inévitable due à l'exercice du pouvoir.

AVANT LA SCENE 1

Fin de journée.
Maude est dans son bureau.
Des chaises, un canapé, minibar.
Quelques lumières s'éteignent dans le couloir. Calme du soir.
Elle semble contrariée. Elle se sert un alcool, prend une pilule et s'installe à son bureau.
Elle ouvre son ordinateur et on entend :
« Affaire Prima : le ministre de l'économie éclaboussé hier soir lors de l'émission Pop-corn, le talk-show le plus regardé de la 1ère chaîne privée du pays.
La question gênante posée en direct par un téléspectateur risque de mettre à mal la carrière de notre ministre.
Sa présentatrice vedette, la sexy-clown MartO, serait suspendue de ses fonctions. »
Maude se repasse une ou deux phrases marquantes.
Arrive en trombe, habillée en civil, MartO. Elle a un bouquet de fleurs à la main (son bouquet de remerciement ?)
Maude referme sèchement l'ordinateur.
MartO éclate le bouquet au pied du bureau. Maude lève les yeux calmement.

1. Un bouton rouge sur le nez blanc

(Un long temps)

Maude : Je ne t'ai pas entendue frapper...

MartO : Tu as l'air contrariée.

Maude : Je t'avais fixé rendez-vous ce matin... Tu as vu l'heure ?

MartO : Tu as dû t'emmerder sec au CA, avec tous ses vieux croûtons autour de toi…

Maude : Tous les membres du Conseil d'Administration ont réfléchi...

MartO : Ça leur arrive ?

Maude : ...ont réfléchi à la possibilité de te garder.

MartO : Merci !

Maude : Il y a eu vote.

MartO : Pas possible ! Ils ont pris la peine de voter, tous ces empêchés du levier ? C'est touchant.

Maude : C'est notre Directeur de la Communication qui a insisté.

MartO : Cette limasse de Collard…

Maude : Et personne ne t'as donné raison.

MartO : *(calme)* Tous des salauds.

(Un temps)

Maude : Je t'ai défendue bec et ongles…

MartO : Tien-An-Men au milieu des pains-surprise… je vois ça d'ici. N'en rajoute pas ou passe-moi un kleenex...

Maude : J'ai fait relire le cahier des charges de l'émission… et j'ai rappelé que le contrat avait reçu l'aval du même Conseil d'Administration puis… j'ai repassé l'émission pilote…

MartO : … Ah bon, elle avait fait des plis ?

Maude : … et fait relire le contrat.

MartO : Tu as fait tout ça ?! Ce n'est pas de bol ! *(Elle pouffe)* Toute l'équipe reste et moi je saute, c'est ça ?

(Un silence)

Maude : Je n'avais pas le choix.

MartO : Écoute-moi bien Madame l'administratrice générale. Lorsque nous nous aimions, nous nous sommes piquées de pondre, en gage d'un amour éternel une émission intelligente à usage des esprits sains. *Pop-Corn* : un ovni télévisuel se promettant de dénoncer la triche tout azimut, de démasquer le plus grand nombre d'imposteurs du royaume et d'étaler le scandale partout où il éclate. Quelques coucheries et une dizaine de « génuflexions » plus tard, rien que de très digne, nous arrivâmes à nos fins, auréolées de gloire… Toi, trônant à ce bureau, moi comme un fol à tes pieds… Nous nous sommes épousées, avec la bénédiction de TV Prima, la plus grosse chaîne privée de rien-surtout-pas-de-moyens dont nous avons fait exploser l'audimat et lancé la cotation en bourse. *Pop-Corn* est notre bijou en graines de maïs premier choix, je t'interdis de le modifier génétiquement sans mon accord ! Vu !

(Temps)

Maude : Je n'ai rien pu faire !

MartO : Ça alors ! Faut le faire de rien pouvoir faire à ce point ! Il vous fallait une biquette-émissaire, pour prouver à notre ministre de tutelle qu'on a une éthique. Ça se comprend ! Après l'augmentation de subventions qu'il a fait signer au Gouvernement !

Maude : Il y a des enjeux…

MartO : Il n'y a plus que ça, tu veux dire.

Maude : Il a reçu un coup de fil de Nyssen en personne…

MartO : Nyssen ?!Le roi de la Pharmacie ! Dis donc, tout ce beau monde pour moi ?! J'en ai de la chance !

Maude : Tu savais que le ministre de l'économie était *intouchable* et Nyssen lui doit de pouvoir fourrer ses actions où il veut, tu savais ce que tu risquais.

MartO : Il a dû faire entendre qu'il suc, qu'il suce (lapsus) sususucrerait tout le conseil d'administration si tout le monde lui obéissait.

Maude : Mais le président du parti non plus n'a pas apprécié la question du spectateur.

MartO : Le but n'était pas qu'il l'apprécie.

Maude : C'est réussi ! Comme ça, tu as tout le parti aux fesses.

MartO : Je ferai de la place.

Maude : Je n'en doute pas.

MartO : Tas de mous ! Des perles aux porcs, oui ! Mais c'est du pain béni ! Pour une fois qu'un auditeur bande sec ! On aurait voulu que j'en fasse quoi ? Que je le laisse à ses poupées gonflables et que je manque d'éducation au point de lui raccrocher au nez. C'eut été l'émasculer en pleine irrigation des vaisseaux, devant cinq millions de voyeurs tripotant leur décodeur !

Maude : Je t'avais prévenue.

MartO : J'ai cru comprendre que tu couvrirais !

Maude : Exploser l'audimat implique des responsabilités.

MartO : Tu me la refais celle-là…

Maude : Nous avions convenu qu'en studio tous les coups te seraient permis, à condition que tu nous laisses filtrer les appels.

MartO : *(sale gamine)* Oui Madame.

Maude : Pourquoi tu as refusé de le faire ? Tu avais le régisseur dans l'oreillette, Max me l'a confirmé.

MartO : Pour une fois que je l'avais là et pas ailleurs...

Maude : Tu lui as demandé d'envoyer à l'antenne le spectateur qui venait d'être mis en attente… oui ou non ?

MartO : À ton avis.

Maude : Au lieu de le passer à Camille qui l'aurait géré comme convenu. Tu avais entendu sa question ?

MartO : « C'est vrai que le frère cadet de la ministre des langues passe plus de temps dans votre lit qu'aux études ? »

J'ai piqué un fard… on ne voyait plus mon nez.

Maude : Tu savais ce que tu risquais.

MartO : Oui. Nous le savions toutes les deux.

(Silence)

Maude : *(définitive)* Je ne te traite pas d'ingrate parce que je n'ai pas oublié mes engagements vis-à-vis de toi.

MartO : C'est le moment de me le prouver.

Maude : Tu demanderas le procès-verbal du CA à ma secrétaire.

MartO : Elle sait ce que c'est ?

Maude : J'ai assumé la responsabilité d'appliquer leur décision.

MartO : En clair ?

Maude : Je t'encourage à...

MartO : Je te vois venir.

Maude : …envisager…

MartO : Un recyclage dans « Tout feu tout flammes » ou dans « Agathe, fée des jardins » ?

Maude : Non...

MartO : Laisse-moi deviner… agent de surface ?

Maude : C'est dommage que tu ne m'écoutes pas.

MartO : …ne me dis pas avaleuse, on va être en surnombre.

Maude : *Pop-Corn* continuera à être diffusé.

MartO : J'espère bien.

Maude : Collard a une nièce très photogénique. Elle passe le bout d'essai demain.

MartO : Et dans trois mois elle me remplace ?!

Maude : Avant.

(Silence, MartO lance à Maude un regard encre de seiche)

Maude : C'est une étape.

MartO : Vers le cloaque. Je vois.

Maude : Je sauve ce qui peut l'être.

MartO : Ta peau, quoi d'autre ? Je te signale que *Pop-Corn est* déposé à la Société des Auteurs Distributeurs. Sans moi, tu ne bouges pas.

Maude : Le contrat a évolué.

(Un silence et demi)

MartO : *(acide)* Tu t'es tapé le délégué de la SAD ?

Maude : Pas toi ? Tu as tort. Il goûte le poivre de Zanzibar. Un régal.

AVANT LA SCENE 2

Séquence rock.
À la fin de celle-ci, Maude se retrouve assise par terre, sans chaussures, appuyée sur le côté du canapé.
MartO est alanguie dans le canapé.
Chacune un verre de vin rouge à la main.
Du temps a passé, elles ont un peu laissé tomber les masques et retrouvé leur complicité. Ça se parle vraiment.

2. Un bouton blanc sur le nez rouge

MartO : … Je veux un rendez-vous.

Maude : Je ne peux pas.

MartO : Attends, je file au placard pour tout le monde et tu…

Maude : Le cabinet de notre ministre de tutelle est d'accord de te rencontrer...

MartO : Je me fous du cabinet. C'est le ministre en personne que je veux voir.

Maude : Exclu. Il a été très clair.

MartO : Pas vrai ! Ça lui arrive ?

Maude : Tu vas prendre un avocat ?

MartO : Un avocat ? Pour lui payer des sports d'hiver ?

Maude : Si tu m'écoutais...

MartO : Un rendez-vous.

Maude : Je…

MartO : Maintenant.

Maude : Je…

MartO : Maintenant.

Maude : JE NE PEUX PAS.

MartO : Lâcheuse !

Maude : N'insiste pas.

MartO : Tu n'as pas le droit de…

Maude : Tu fais fausse route.

MartO : Je ne quitterai pas sans un droit de réponse.

Maude : Prend-le. Et après ?

MartO : Tu ne peux pas me faire ça.

Maude : Tu deviens lourde. Tu l'as laissé où ton nez rouge ?

MartO : À mariner pour te le servir en carpaccio.

Maude : *(faussement en appétit)* Hmm.

MartO : Tu peux crever.

Maude : *(imprévisible)* C'est ce que je fais.

MartO : Qu'est-ce que tu as dit ?

(Pause)

Maude : *(changeant de registre)* Je leur ai certifié que tu partirais immédiatement.

MartO : … ton problème.

Maude : Ils m'ont laissé ça pour toi. *(Elle lui tend une enveloppe)*

MartO : *(elle prend l'enveloppe mais ne l'ouvre pas, estomaquée à en rire)* Ce n'est pas vrai…

Maude : …accompagnée de leurs meilleurs vœux.

(Silence, Maude sert à boire et avale très discrètement des médicaments avec sa gorgée de vin)

MartO : *(sarcastique)* Combien ?

Maude : Négociable.

(Silence)

MartO : *(elle respire profondément)* Ils ne vont pas faire une affaire.

Maude : Toi oui. *(Elles se dévisagent)* Si…

MartO : Si ?

Maude : Si tu es sage.

MartO : On s'était juré de ne plus l'être.

Maude : Il y a un temps pour tout.

MartO : Qu'est-ce qui nous arrive ?

Maude : ...

MartO : Qu'est-ce qui nous arrive ?

Maude : Tais-toi.

MartO : Dis-moi que je cauchemarde.

(Un silence, elles semblent fatiguées)

Maude : Je pouvais pas couvrir ça. Tu le savais.

MartO : Ils ne vont pas oser. Dis-moi qu'ils ne vont pas oser.

Maude : C'est trop tard.

MartO : Ce n'est pas vrai. On les revoit toi et moi, rien que toi et moi, et on les met à genoux, comme on les a mis à genoux la première fois. Les génuflexions, Mo,…

Maude : Ils se méfient.

MartO : Il n'y a aucune raison. Pourquoi ? Tu leur diras qu'il n'y a aucune raison qu'ils se méfient. Qu'est-ce qui a changé ?

Maude : L'audimat.

MartO : Et alors ?

Maude : On pèse trop lourd.

MartO : Justement.

Maude : Ça fausse tout.

MartO : Tout quoi ?

Maude : Ils ont peur.

MartO : De l'audimat ?

Maude : Il ne fallait pas se tromper.

MartO : On ne s'est pas trompées.

Maude : Au moindre écart, il était clair que…

MartO : Attends ! Qui c'est qui les a mis sur la sellette ?

Maude : Des millions. Ils sont des millions ! Tu te rends compte ?

MartO : Mais c'est par là qu'on les tient, pétard !

Maude : Tout dépend de ce que tu leur balances. Tu le sais. *(Un silence, MartO se met à scruter Maude avec une moue de réflexion)* Tu connaissais les scores. Je t'ai donné les chiffres.

MartO : *(elle soupire)* Oui et alors ?

Maude : C'est parce qu'on est tout en haut qu'ils veulent que ça fasse mal. Tu comprends ? Ils veulent un exemple. Et il n'y a pas que toi qui casques. Ce sont des millions de personnes à qui ils retirent le droit de s'empoigner dans un fou rire, tu comprends ça, oui ou non !

MartO : Justement ! Au lieu de défendre les principes de…

Maude : C'est ça ! Tu vas m'entonner le refrain de la liberté d'expression… Mais tu sais où ils te la mettent ta liberté d'expression Nyssen et sa bande ?

MartO : Ça bande ? Où ça ?

Maude : Tu as merdé, MartO. Fort ! Et tu t'es drôlement gourée de cible. Un ministre ça se caresse toujours en donnant du sens à ses poils… l'histoire de l'audiovisuel le prouve. Tu as relu tes classiques ? Entre l'État et nous ça ne marche qu'à table… au-dessus et en dessous ! Et faut que ça rapporte à tout le monde, donnant-donnant. Quand il y a grabuge, il faut pouvoir monter en grade la speakerine préférée de Monsieur - surtout si elle ne le suce pas encore - pour l'assurer de notre dévouement et lui prouver qu'on a droit à ses largesses législatives. Tu sais sur quelle bouse tu souffles ? Tu le sais, oui ou merde !

MartO : Merde.

Maude : Ils n'attendaient que ça, Nyssen et ses nysoignons. Ils vont nous bâillonner. Ils vont définitivement mettre en pratique que bêtifier égale régner. Et tu leur donnes l'occasion rêvée. Nom de Dieu ! À la poubelle tout ce qui est hors format ! Et le cauchemar ne fait que commencer. Après quoi, il va falloir leur demander la permission d'aller aux chiottes, comme en quarante. Une après l'autre elles vont tomber les têtes. La tienne n'est ni la première ni la dernière. Tu peux me croire : vue d'ici, la mascarade de « la démocratisation du processus décisionnel » a de belles années devant elle.

(Un très long silence, Maude ressert à boire. Elles boivent.)

MartO : Mo ?

Maude : Allo ?

MartO : Garde-moi.

Maude : Peux pas.

MartO : J'ai trouvé.

Maude : Vas-y

MartO : Au prochain numéro je fais tout sauter.

Maude : *(agacée)* Y manquait plus que kamikaze…

MartO : Je mens.

Maude : Bonjour le scoop.

MartO : C'en est un.

Maude : Ah bon ? Pour qui ?

MartO : Des millions, tu l'as dit. On prend trois jours, on boucle tout et vendredi on met en boîte. On avoue l'inavouable…

Maude : Il n'y en a plus.

MartO : Je mens. Je dis que les dés étaient pipés. Qu'est-ce que tu dis de ça ?

Maude : *(elle étudie les réactions de MartO)* Là, tu viens de le péter.

MartO : Quoi ?

Maude : Ton dernier câble.

MartO : On sera les premières à le faire ! Tu te rends compte du climax ? « Ne ratez pas le prochain numéro de *Pop-Corn* ! MartO fait son strip-tease, bas le masque et lâche tout ! *Pop-Corn* ! Le show qui vous rend MartO ! »

Maude : Comprends pas.

MartO : Imagine le délire… Tu vois les titres ? « Le culot de MartO : elle dit toute la vérité sur le mensonge des fictionshows. », « *Pop-Corn* fait le ménage ! Le clown de TV Prima dévoile la télé truquée. » Et là, clap on tourne ! J'apparais…

dévêtue et repentie *(elle fait son numéro comme lors de l'émission, elle peut mettre son nez de clown et la lumière change radicalement) :* « Bonsoir, mes cornichons, mes oreillons, mes yeux doux-doux ! Bonsoir mes zigotos voyeursvoyous ! S'avez bien fait d'être revenus ! Ce soir pour vous faire sauter sur *Pop-Pop-Pop…*, sur *Popopopopo… Pop-Corn* !!! Le show-devant, qui fait sauter tout ce qui bouge derrière ! Un coup de projos sur… sur-sur… le gros-gros-gros-gros mensonge que je vous ai fait la semaine dernière… Voyez mon pif qui double de volume façon Pinocchio… Pinocchio… Pin ô q ! Ô qu'elle a dit quoi ?! Ô qu'elle a dit quoi la Madame !? Va te coucher, Benjamin ! C'est marqué : « pas pour toi », en bas de l'écran à droite. Interdit aux moins de huit ans… On a reçu le mail du Cardinal. Au lit, compris ! Et tout seul… pour une fois ! Bon, je continue avec papa-maman. Ce soir mes jolis zygos, mes doux maticos, accrochez-vous ou accrochez-moi ! J'ai à vous dire beaucoup que j'm'exsuce ! Suce que j'm'exsuce et beaucul même, je m'exxxxx…cuse parce que j'vous ai menti… poils au… ? » *(Bascule lumière, retour à la réalité)*

Maude : Arrête.

MartO : *(enlève son nez, fin du changement de lumière)* Des millions avec un seul coup de filet. Je lâche que c'est la règle PARTOUT, et qu'on a TOUT monté pour le leur prouver !

Maude : Et alors ?

MartO : « *Pop-Corn* ! Le show qui vous fait sauter pour pas que la télé vous saute !» Ils auront compris tu ne crois pas ?

Maude : Quoi ?

MartO : Que la télé nuit gravement à la santé et que c'est sa meilleure pub. Demande aux cow-boys de Malbo… biiiiiiiiiiiiiiiip.

Maude : En clair ?

MartO : Je leur fais avaler que le spectateur couillu qui a posé la colle à Monsieur le ministre était de mèche avec nous !

Maude : …

MartO : Un coup bien monté, si j'ose dire. Tu vois le boxon à la concurrence ? TV Prima, la première chaîne privée ose une émission bidon, ment et descend dans l'arène pour en finir avec la télé qui triche. Qui dit mieux ? Et hop tout le monde en piste sur le grill… réouverture du grand débat sur la manipulation des médias merdeux. Tout le monde se déculotte devant l'audimat. Et vlan !

Dans la mêlée on risque même de jouer les arbitres, vu que c'est nous qui donnons l'exemple. Ça change tout, ça, non ? … besoin de personne en Harley Davidson !

Maude : Alors là…

MartO : TV Prima mérite le titre de première télé philanthropique. Elle arme le citoyen contre la bêtification concertée, le sac à bobards télévisuel qui corrompt le petit écran. Et la voie est libre… On n'a plus qu'à faire évoluer l'idée qui devient… ? *(elle réfléchit)*

Maude : Achève…

MartO : « TV Prima la télé qui ne triche que quand elle vous l'avoue. » Et c'est gagné !

Maude : Bravo.

MartO : Hé ouais ! La confiance se réinstalle et l'esprit critique repointe le bout de son nez. Moi, je remets le mien… et toi ?

Maude : Je ne suis pas sûre qu'ils me laisseront leur expliquer que tu...

MartO : Je te connais.

Maude : ...leur expliquer que tu as eu l'idée du siècle.

MartO : Tu te sous-estimes ? C'est nouveau.

Maude : Je suis réaliste.

MartO : Ton problème. Tu as une meilleure idée, pour relancer *Pop-Corn* ?

Maude : Qui te parle de le relancer ?

MartO : Toi.

Maude : J'ai dit que *Pop-Corn* continuerait à être diffusé.

MartO : Sans moi, c'est ça ?

Maude : C'est ça. *(De but en blanc)* Comment va Giulia ?

MartO : Elle t'emmerde.

(Un silence. Elles boivent.)

Maude : Elle était très belle au Prix Fortuny.

MartO : Elle l'est toujours.

Maude : Vous avez mis de l'ordre dans vos affaires ?

MartO : On cause de quoi, là ? Tu as une idée sur mon idée ?

Maude : Ce serait bien pour toi.

MartO : Que j'hérite de ce dont elle héritera ?

Maude : Je te le souhaite. Au moins en partie.

MartO : Tu me déçois.

Maude : *(faussement amère)* Mais non.

MartO : Pas un centime. C'est ce que nous avons convenu. Nous partageons tout ce que nous avons en commun, mais pas un centime de ce que nous héritons.

Maude : C'est de la folie. Enfin… pour toi.

MartO : Pour moi c'est carrément la merde. Mais ce n'est pas une raison pour que ça se passe autrement. Bon, alors, mon émission bidon ? Tu achètes ?

Maude : C'est une idée à toi ?

MartO : Un peu, oui !

Maude : Non, je te parle du fait de ne pas vouloir hériter.

MartO : Pourquoi ? Ça te rappelle quelqu'un ?

Maude : Ce n'est pas comparable.

MartO : Ah bon ?

Maude : Non.

MartO : Tu veux dire que nous n'avons pas vécu la même histoire ?

Maude : La preuve.

MartO : Ça aurait pu nous arriver.

Maude : Quoi ?

MartO : De vivre ensemble jusqu'à la fin de nos jours.

Maude : Parce que c'est ce que vous comptez faire Giulia et toi ?

MartO : Oui. Et ça aurait pu nous arriver. *(Silence)* Bon, tu me dis ce que tu en penses quand tu veux. Moi je peux en parler à l'équipe dès que tu me donnes le feu vert et…

Maude : Ça aurait pu.

(Silence)

MartO : On a eu mieux à faire.

Maude : Surtout toi.

MartO : Ça t'aurait plu ?

Maude : Nous étions deux. Tu as eu du mal à en tenir compte.

MartO : Pas toi ?

Maude : Différemment.

MartO : La nuance m'échappe.

Maude : J'ai fait ce que tu m'as appris à faire.

MartO : Je ne te reproche rien.

(Elles se resservent à boire)

Maude : La première fois que j'ai pleuré dans notre lit, j'ai cru perdre la raison. Toute une nuit. Je savais où tu étais. Avec qui tu faisais l'amour. Comment. Je ne pouvais pas fermer les yeux sans te voir. J'ai contracté cette nuit-là la maladie d'aimer sans l'être. Au petit matin, quand tu es rentrée, je t'avais perdue, mais j'ai commencé à me connaître.

MartO : J'avais suivi ton exemple. Tu m'avais prouvé qu'on pouvait vivre libres… et ensemble.

Maude : Eh oui. Nous pouvions.

MartO : Tu te souviens ? *(Maude acquiesce)* « Après-midi avec jeune-femme à vélo » ?

(Elles sourient toutes les deux, complices)

Maude : Inoubliable. Je m'étais arrêté devant Mademoiselle B. à côté du salon de thé… la vitrine était particulièrement gourmande. J'étais fascinée.

MartO : Tu m'as dit qu'elle était arrivée à vélo…

Maude : Un boucan... elle a freiné, j'ai fait un bond ! Elle cherchait la route.

MartO : *(complice)* Et elle l'a trouvée.

Maude : Irrésistible.

MartO : « Innocemment » … irrésistible. C'est ce que tu m'as dit toute la soirée.

Maude : Je n'avais pas l'impression de t'avoir trompée. Je me sentais heureuse.

MartO : Tu ne m'épargnais aucun détail. J'aimais bien. Tu parlais et… j'étais là entre vous. Jusqu'au moment où je t'ai désirée et tu t'es refusée. C'est là que j'ai senti…

Maude : Oui...

MartO : Oui ?

Maude : Oui.

MartO : J'ai eu mal pour la première fois. J'ai pensé que tu trouverais mieux ailleurs. J'ai eu honte de te désirer. C'est comme ça que, j'ai commencé à me glisser dans ta liberté et je l'ai trouvée belle.

Maude : Et je suis devenue… jalouse.

MartO : C'est étrange…

Maude : Monstrueux. Du fiel dans mon ventre : la jalousie. J'en ai crevé… et j'ai commencé à… vieillir…

MartO : Comment il va ? Jean ?

Maude : *(elle se ressaisit, ressert à boire et change de ton)* Je vais faire avaler ton idée du siècle au CA. A une condition.

MartO : Laquelle ?

Maude : Que tu fasses tes adieux.

MartO : *(elle suit le changement de ton)* Toujours prête à te sous-estimer.

Maude : Une fois que tu auras avoué aux téléspectateurs que tu triches. Je mets ma main au feu…

MartO : …tu vas te brûler.

Maude : …qu'ils te lâcheront.

MartO : Je ne les ai jamais trahis.

Maude : Sauf ce coup-ci. Tu leur mens. Et qui ment une fois…

MartO : Ça va ! Tu as une autre idée pour sortir du caca ?

(Un silence)

MartO : Que je saute ou pas… ça ne sauvera pas ton ministre.

Maude : C'est ce qui te perd.

MartO : À moins qu'on ne le sauve...

Maude : Qu'est-ce que tu veux dire ?

MartO : Non seulement on déclare que le téléspectateur appelait de notre régie mais aussi que tout a été monté « avec » l'accord de Monsieur le ministre pour gagner la cause d'une télé propre. Tu connais un meilleur moyen de le blanchir et de rameuter son électorat ?

Maude : Non.

MartO : C'est tout bon pour lui ça ! Le lendemain on en aura fait un héros de l'éthique télévisuelle… et je te donne en mille que tu pourras te glisser dans la liste du parti, ministrable à la prochaine kermesse.

Maude : *(calme tout à coup)* MartO.

MartO : Hm… ?

Maude : Tu n'as pas compris. C'est NOTRE idée. Et nous…

MartO : *(furieuse)* Nous c'est qui ?!

Maude : *(même jeu)* Le CA et moi. A la prochaine émission tu joues point par point le scénario du numéro bidon : l'idée du siècle que tu as évoquée tout à l'heure. Mais NOTRE version comporte l'épilogue que tu connais. Fais ton prix.

(Silence, deuxième regard encre de seiche)

MartO : Cette fois je la crache.

Maude : Quoi ?

MartO : Ma Valda.

Maude : Et ça donne ?

MartO : J'ai pitié de ce que tu es devenue.

Maude : J'écoute…

MartO : Tu vois qui quand tu te regardes dans la glace ?

Maude : C'est flou.

MartO : Tu voudrais que je fasse mon numéro pour rattraper le coup et après ça, dehors !? JE VOUS sauve *Pop-Corn* et VOUS ME mettez à la porte !?

Maude : Ça peut te rapporter gros.

MartO : *(les dents serrées)* Ça doit.

Maude : Alors ?

(Un silence)

MartO : Tu vas me garder.

Maude : Pas question.

MartO : Où tu veux.

Maude : Impossible.

MartO : Pourquoi ?

Maude : Tu peux juste me remercier de dealer ton dernier numéro avant ta sortie.

MartO : Merci.

Maude : Alors tu le fais comme on te dit de le faire, tu ramasses tes jetons et tu quittes la maison.

MartO : *(irrémédiablement)* Je sauve *Pop-Corn* et je me barre à l'info culturelle.

Maude : Tu veux un traducteur ou un sonotone ?

MartO : C'est honnête comme deal. Je te promets de ne causer que bouffe et loisirs de masse.

Maude : Il n'y aura plus d'info culture dans la prochaine grille. On restructure. On en garde deux sur cinq. Ils passent à l'éco finance.

MartO : Ben voyons. C'est très tendance.

Maude : MartO.

MartO : *(prête à tout)* C'est cool, je me recycle. J'anticipe et je me mets à la page. Faut pas croire. Un brin de formation et j'assure l'info banque. Ça te dit ? Les bourses ou la vie. Je populise la banque tous clients confondus. Tout savoir pour tout prévoir. Votre banquier conseil sur www.les bourses ou la vie. Cliquez avant de claquer.

Maude : Tu es…

MartO : Trois ?

Maude : Quoi, trois ?

MartO : Millions. Mon chiffre.

(Un silence)

Maude : Tu joues déjà Monopoly ?

MartO : Tu as dit « gros ».

Maude : Je n'ai pas dit *(geste)*…

MartO : Nous sommes à la troisième saison. Normal. Trois ans de bons et extra loyaux services. Ça les vaut.

Maude : Tu rêves…

MartO : *(encore un regard encre de seiche)* Non.

Maude : Et tu crois que…

MartO : C'est mon prix.

Maude : Tu perds ton temps…

MartO : Tu veux que j'envoie les photos de notre nuit de miel à TÉVÉBELANG ? *(Un silence. Elles se dévisagent. Maude se mord les lèvres puis, ressert à boire)*

Maude : Négociable ?

MartO : Dépend.

Maude : De ?

MartO : Contrat maintenant ?

Maude : Dépend.

MartO : Trois millions.

Maude : Non.

MartO : Deux et demi et ...

Maude : Non.

MartO : Deux tiers / un tiers.

Maude : Un et demi / un et demi.

MartO : Deux et tu signes que le prochain numéro est pour moi.

Maude : Si tu veux. *(Elle s'assied à son bureau, tapote sur son pc, imprime)* C'est quoi l'idée ?

MartO : J'ai dit.

Maude : *(elle prend la lettre qui sort de l'imprimante en deux exemplaires et les signe)* Un et demi et voilà mon autographe. *(Elle les tend à MartO)* J'ai repris le montant et je t'ai fait le décompte. Félicitations. Il y a une promo pour les Seychelles, prend ton hamac... le temps de voir venir le prochain Tsunami.

MartO : *(elle prend les deux exemplaires)* Je n'ai pas dit mon dernier mot.

Maude : Non, mais tu as donné ton dernier prix et SI tu signes tu le feras ton dernier numéro. *(Elle tend un stylo à MartO)*

MartO : *(elle lit en diagonale les documents)* C'est quoi la taxe citoyenne d'un pour cent ?

Maude : La crise, ça te dit quelque chose ?

MartO : Ah bon ? C'est passé quand ?

Maude : Votée au parlement le 26 décembre, tu étais où… ?

MartO : Toujours l'art de... j't'en foutrais de la taxe citoyenne *(Elle signe un exemplaire et le lui tend avec le stylo, elle plie l'autre et l'empoche)*

Maude : *(en prenant la lettre, elle range le stylo puis, sert à boire et tend un verre à MartO)* C'est quoi ton dernier mot ?

MartO : Tu verras à l'antenne.

Maude : *(foudroyée)* Je t'interdis… !

MartO : M'étonnerait ! Tu viens de signer.

Maude : Ça ne t'avancera à rien. Tu risques juste de tout faire foirer.

MartO : Rien de grave. Ne t'emballe pas.

Maude : Je te préviens, si tu changes encore les cartes sur table…

MartO : Je vais juste modifier d'un iota le déroulement prévu et au lieu de faire mes adieux hors antenne, je…

Maude : ...je ne pourrais plus rien…

MartO : ...je trouve trop sympa de les placer en fin de numéro.

Maude : Tant pis pour toi.

MartO : Juste avant que tout le monde aille faire dodo.

Maude : Je t'aurais prévenue.

(MartO se lève et fait tchin-tchin contre le verre de Maude. Les deux femmes se toisent et boivent en silence. Puis MartO dépose son verre, s'approche de Maude, l'embrasse sur la bouche, longuement. Enfin, elle se dirige vers la porte. Avant de l'ouvrir elle se retourne et dit)

MartO : Moi aussi.

(Elle sort)

AVANT LA SCENE 3

(Une semaine plus tard. Bureau de Maude Brassin.)

MartO rentre avec une petite caisse remplie de ses effets personnels de bureau.
Elle s'installe au bureau de Maude, se sert à boire.
Elle clique sur l'ordinateur *(comme l'a fait Maude lors de la première scène)* et on entend :

> « Affaire Prima :
> Coup de théâtre hier soir lors de l'émission *Pop-corn*.
> MartO, la plus audacieuse de nos présentatrices tv a révélé en direct que la dernière émission était montée de toute pièce avec la complicité d'un faux téléspectateur, mais aussi de celle de monsieur le ministre de l'économie, en personne.
> Un coup génial ! Le débat et la réflexion sur la manipulation des médias sont relancés.
> Stupéfaction générale en fin d'émission : MartO annonce qu'elle quitte définitivement le show.
> TV Prima gagne une bataille télévisuelle, mais perd une de ses présentatrices les plus talentueuses de la décennie. »

MartO ferme l'ordinateur, prend en main la photo de Daniel.
Au bout de quelques minutes, entrée de Maude, affairée.

3. Le rire de Daniel

Maude : Tu fais les poussières ?

MartO : *(elle redépose le cadre)* J'anticipe ma reconversion.

Maude : Tu as les félicitations de la rédaction. Tu as été formidable.

MartO : Merci.

Maude : *(très affairée, elle dépose les dossiers sur la table de réunion)* Tu as vu ton casier ?

MartO : Oui.

Maude : Tout lu ?

MartO : Oui.

Maude : J'ai encore un courriel du cabinet que je dois te faire suivre. Tu comprendras mieux pourquoi ils tiennent à te garder. La donne a changé.

MartO : Ouff… que d'honneur.

Maude : Excuse-moi… nous devions nous voir pour… ?

MartO : Rien.

Maude : Je t'ai communiqué que je n'étais pas pressée. Tu me feras part de ta décision dès que tu…

MartO : Je l'ai prise.

Maude : Ah. Bien. Je te le répète. Tu peux prendre le temps. Il n'y a aucune...

MartO : C'est fait.

Maude : Bien. Alors, tu permets un instant...

(Elle pend son par-dessus au portemanteau, extrait d'une des poches une petites boîte à pilules et se dirige vers les toilettes. MartO reste assise au bureau de Maude et reprend le cadre de photo qu'elle regardait avant que celle-ci ne rentre. Puis le redépose et se remet à regarder droit devant elle. Après quelques instants, Maude réapparaît.)

MartO : Vue d'ici… la situation s'éclaire.

Maude : Ah bon ? *(Elle se dirige vers le bar)*

MartO : On ne voit plus les personnes, on voit ce qu'elles coûtent et ce qu'elles rapportent.

Maude : Il vaut mieux, quand on gère.

MartO : Et quand elles coûtent plus qu'elles ne rapportent, on les digère ?

Maude : Tu prends quoi ?

MartO : On dit restructurer.

Maude : Par exemple. Tu prends quoi ? Il y a du whisky, du rhum...

MartO : *Bacardi* ® ? J'ai vu.

Maude : Non, *Havana Club* ® aussi. Ça passe le comité ?

MartO : Je pars. Je ne veux pas devenir transparente…

Maude : *(elle ne relève pas)* Glaçons et rondelle de citron ?

MartO : Maude, j'ai dit je pars. Vu d'ici on ne voit plus personne. On ne voit que ça…

Maude : Ça quoi ?

MartO : …le pognon que ça te rapporte.

Maude : Grâce auquel tu seras payée comme convenu. C'est ça qui te déplaît ?

(Maude est arrivée à son bureau avec un plateau sur lequel sont déposés, deux verres -un de rhum pour MartO et un de whisky pour elle - ainsi que les deux bouteilles d'alcool. Elle dépose le verre de rhum devant MartO qui

ne bouge pas. Maude prend place dans la chaise faisant face à son bureau.)

Maude : *(en s'asseyant elle respire profondément)* Nous disions ?

MartO : Je pars.

Maude : Bravo ! Un bon bol d'air pour refaire le plein. Il y a une promo…

MartO : *(comme un couperet)* Je m'éjecte. Tu m'as demandé de ramasser mes jetons et de quitter le jeu. Je ramasse et je quitte. Point.

Maude : Je t'ai dit que la donne a changé.

MartO : MOI AUSSI.

(Un silence)

Maude : Tu pourrais…

MartO : JE PEUX. Je peux TOUT ! Mais plus ici.

Maude : Tu as compris leur nouvelle proposition ?

MartO : Tu veux me faire un dessin ?

Maude : MartO…

MartO : Si ça te fait plaisir… J'ai toujours aimé tes dessins.

Maude : Je voudrais t'éviter de louper ta sortie.

MartO : C'est ce que je fais.

Maude : *(elle lui indique un porte-documents déposé à la gauche de MartO)* Ouvre ça. *(MartO s'exécute, prend le premier document et lit)* C'est le courriel du cabinet.

MartO : *(à la fin de la lecture)* Je te le laisse, tu l'encadreras.

Maude : Réfléchis à ce que tu fais.

MartO : J'ai la nausée. Tu veux voir ?

Maude : *(prend son verre de whisky et trinque avec MartO)* À la tienne. *(MartO fait de même avec son verre de rhum).*

(Un temps. Elles boivent et se resservent abondamment, elles le feront pendant un moment, dans une sorte de dialogue muet.)

Maude : C'est con. Tu as fait ça comme une reine.

MartO : Ça t'étonne ?

Maude : Je le pense.

MartO : Chouette.

Maude : C'était sur le fil du rasoir… casse-cou à mort et tu nous as tous eus.

MartO : Je vais prendre l'air.

Maude : Parfaite.

MartO : C'est bon.

Maude : Vraiment.

MartO : Ça va aller, oui ?

Maude : Non, vraiment chapeau. Je suis passée par toutes les couleurs. Tu aurais dû me voir en régie… *(Elle prend sa mallette, l'ouvre, en sort un document et le tend à MartO)* C'est ça que tu devrais encadrer.

MartO : *(prenant le document et le rangeant sans le regarder)* Tu ne l'as pas encore fait ?

Maude : *(s'affairant autour de la table de réunion sur laquelle elle dispose d'autres dossiers à traiter qu'elle sort de sa mallette)* Des scores historiques.

MartO : Comme tu dis. Les derniers.

Maude : Tu as eu Colette pour ton passage au JT ?

MartO : Oui.

Maude : Et les français ?

MartO : Aussi.

Maude : Tu vois les rendez-vous presse avec elle ?

MartO : C'est fait.

Maude : Laisse-lui ton agenda, elle fait ça très bien. N'oublie pas la couverture de Zanzara, Matteo t'attend pour la prise de vue.

MartO : Tu veux vraiment qu'il photographie du vent ?

Maude : Je te prête Colette temps plein pour la semaine.

MartO : Chouette je vais l'emmener danser.

Maude : Après, Delphine rentre de congé de maternité. Tu la reprends mi-temps.

MartO : Ou pas.

(Un temps)

Maude : Donne-toi quinze jours.

MartO : Quinze de trop.

Maude : Ne décide rien avant.

MartO : Avant quoi ?

Maude : Quinze jours... J'ai l'accord du conseil d'administration.

MartO : Tu ne les remercieras pas de ma part.

Maude : La semaine prochaine on rediffuse la dernière émission et la semaine suivante on envoie les best off. Ça nous laisse quinze jours. On prendra le temps de faire le point. La tête froide. Ok ?

MartO : Plus froide que celle-là, je n'en ai plus de stock.

Maude : Cherche bien.

MartO : C'est ce que j'avais répondu à Daniel, tu te souviens ? *(Maude se fige à la table de réunion et pâlit)* C'était son tour. *(MartO regarde les cadres contenants les photos tout en parlant, en prend un, puis le redépose avec précaution)* Il avait dessiné une tête en forme de glaçon. Tu te souviens ? Le jeu où chacun doit dessiner un morceau du personnage et plier la feuille pour cacher au suivant ce qu'il a dessiné. On mourait de rire, tu te souviens ? Une fois qu'on dépliait la feuille et que le personnage apparaissait tout entier, c'était à se tordre. Quand Daniel a vu apparaître le personnage qui avait la tête de glaçon, il a explosé… tu te souviens ? Un rire... Je n'avais jamais entendu un enfant rire comme ça… Je l'ai regardé et ça a été plus fort que moi… je me suis mise à parler avec la voix du glaçon. Tout à coup je lui ai fait *(elle prend une voix de dessin animé très mignonne)* : « Alors comme ça tu m'as mis une tête de glaçon ? Et comment je vais faire cet été ? Sous le soleil ? Tu y as pensé ? C'est malin. Je vais fondre, tiens ! Et comme ça, je n'aurai plus de tête du tout ! Tu te rends compte ? Tu trouves ça bien, toi ? ». Il m'a répondu quelque chose comme : « T'as qu'à t'en trouver une plus froide encore. Une tête d'iceberg. Comme ça, tu ne fonderas pas. » Et coup sur coup, moi : « Plus froide que celle-là, je n'en ai plus de stock ! » Et là vlan ! Daniel plié en deux, tu te souviens ? Il a fait « Stock toi-même, stock de quoi ? » Et moi « Stock de glaçons, tête de patate ! ». Il a fait pipi dans son pantalon à force de rigoler comme un malade. J'ai continué : « Et ben moi, je veux bien échanger ma tête contre la tienne, tiens. Parce qu'au moins avec ta tête de patate au lieu de ma tête de glaçon, je ne risquerai pas grand-chose cet été. Bien sûr, il y a le souci des patates frites. *(Elle prend un succulent accent belge)* Zeg, Meneer ! C'est un pitche scramouille de vilain mauvais quart d'heure que j'va y passer ! Houi houi, ça ! Direct dans la graisse qui bouille, non peut-être ! Et plouf dans la graisse de baleine de la friteuse ! Waouh potverdeke ! Qu'elle horreur ! Me frire à poil et à petit feu-feu dans la graisse de mammouth des mers ! Non, peut-être ! Quoi ?... » *(Elle aperçoit Maude qui a les yeux noyés de larmes, elle croit un instant que c'est de rire)* Et comme ça pendant une demi-heure... *(Elle arrête son jeu, un silence, se rend compte de l'état de Maude)* Maude, vous avez fait tout ce que vous avez pu, Jean et toi. Daniel s'est envolé dans le grand jardin des anges...

Maude : *(elle se ressaisit immédiatement)* Tu sais pourquoi tu vas rester ? Parce que c'est Collard qu'on remercie.

MartO : Collard !?

Maude : Ça va nous coûter très cher.

MartO : *(sidérée)* Collard ?!

Maude : Trop.

MartO : *(acide)* Tous ses jetons d'absence d'un coup, c'est ça... ?

Maude : Si vous prenez la sortie en même temps. Y aura moins d'argent dans la caisse...

MartO : C'est pire que ce...

Maude : Tu attends la saison prochaine et tu pars avec le double.

MartO : Il vous coûte l'équivalent d'une saison, je parie ?

Maude : Nyssen et l'actionnariat tiennent à le remercier. Pour service rendus…

MartO : Ben voyons. *(Elle a un geste de dégoût)* Et tu t'es engagée à ce que j'accepte ?

Maude : Tu acceptes.

MartO : Le double ?

Maude : Oui.

MartO : Tu m'écœures.

Maude : Ça te passera.

MartO : Comment tu peux ?

Maude : C'est un métier.

MartO : *(furieuse)* Il y a une semaine tu me foutais à la porte !

Maude : *(même jeu)* En te proposant une jolie sortie !

MartO : Tu parles ! Encore un peu, tu bradais mes droits sociaux, tandis que Collard a droit à une retraite d'émir ! Hier tu sortais tes griffes en me montrant la porte et... !

Maude : Et aujourd'hui je te propose de laisser passer un tour pour pas que tu te la prennes dans la gueule ! Ça te fait gerber !?

MartO : Tu sais ce qui me fait gerber ?

Maude : Que je te demande de rester, je crois que j'ai compris.

MartO : Que tu ne me l'aies pas demandé il y a dix ans.

Maude : La ferme.

MartO : Quand ton fils est mort et que l'homme qui te l'a planté dans le ventre t'a laissée seule comme une chaise vide.

(Un silence noir)

Maude : Si je te l'avais demandé tu ne l'aurais pas fait.

MartO : Tu ne le sauras jamais.

Maude : Si j'avais voulu savoir j'aurais tenté le coup.

MartO : Le plus triste c'est que tu ne changes pas.

Maude : Nous aurions rebroussé chemin au lieu d'aller de l'avant.

MartO : Pour en arriver là ?

Maude : Droit devant. Ce qui nous fait avancer est droit devant. Ce qui est derrière est mort.

MartO : Tu gagnes ta vie en trichant.

Maude : Tu crois faire autrement ?

MartO : Je ne crois plus rien.

Maude : Nous faisons tous pareil. Avec ou sans nez rouge.

MartO : Tu décides pour les autres parce que tu n'as pu décider pour toi.

Maude : J'apprends. C'est une pelote de nœuds. Comme l'homme. Immonde et nécessaire. J'accepte de me tromper. Et je tiens. Assise là, où tu me singes. Je choisis. Je motive. Je fixe les délais. Je félicite. J'exige. Ça roule. Je suis à ma place. Voilà. Ma place. Trouve la tienne. Il est temps.

MartO : Tu as tué tout ce qui pouvait te grandir.

Maude : Tu ne serais pas là.

MartO : On s'était goinfrées de notre rêve. On a atterri dans la gueule du loup pour lui crever la panse. On avait fait le serment de pourrir la camelote des marchands. Ils en ont bavé et nous ont désirées. On a fait monter les prix et on a imposé le respect.

Maude : Ton départ ne changera rien. Tu en crèves. Tu voudrais que je te dise qu'en partant tu laisses un vide ? Pars. Tu verras. Il en viendra d'autres pour le remplir. Humble, ma belle, humble.

MartO : Tu leur parleras de moi.

Maude : Pour quoi faire ? Les marchands, tu les oublies ? C'est eux qui tirent les ficelles et nous qui gigotons au bout.

MartO : L'une sans l'autre nous ne sommes rien.

Maude : Prétentieuse. Tu te crois irremplaçable.

MartO : Tu me le prouveras.

MartO : S'il ne te reste plus que l'épisode final pour toute défaite. Finalise. Et défais-toi. J'ai la certitude que nous pouvions leur livrer la guerre aux marchands. Nous avions placé les premières bombes. Une nouvelle donne télévisuelle et l'avènement du téléspectacteur, premier d'une nouvelle lignée d'humain raisonnant, était l'enjeu. Mais tu as dit que…

Maude : J'ai dit : reste. Comment transformer sinon ?

MartO : Tu as tout empêché.

Maude : C'est un passage obligé. Traverse-le. Il faut tenir. Maintenir pour un temps plus grand. Ce n'est pas possible en fuyant. Le mouvement est vertical. Creuser et élever. Faillir et hisser. Forer et hausser. Fouiller et dresser. Mais comment si tu fuis ? C'est ici qu'est maintenant. Le vertical. Nous posons la question. Comment transformer sinon du dedans ?

MartO : Maude…

Maude : Nous douterons. Et nous saperons. Nous douterons et nous saperons. Nous l'avons rêvé comme cela et nous y sommes.

MartO : Payées pour.

Maude : Et alors ? Tu as vendu ta main droite ?

MartO : Non.

Maude : La gauche ?

MartO : Non.

Maude : Tes yeux ? Tes jambes ?

MartO : Non

Maude : Alors ?

MartO : Si je reste tu m'achètes et je ne me verrai plus.

Maude : Faux. Comme si tu étais à vendre ! À qui ? Pourquoi ? Peux-tu penser qu'il soit à vendre le sens d'une vie ou qu'on l'achète ? Le vends-tu ? Combien ? Fais ton prix ! Fais-le. J'achète, tu veux ? Dis combien !

MartO : Des cellules, des tissus, des liquides, des baves, des os et des glandes. Des synapses, des huiles, de l'eau et des éclats de verre et d'or…

Maude : Et ce qui les transforme, tu l'as vendu ? Comme s'il était à toi ! Prétentieuse ! Si tu l'as et qu'il est à toi ce qui transforme, montre-le-moi ! Sors-le de sa boîte et pose-le, ici, maintenant, il nous transformera. Et personne n'aura besoin de fuir. Tu n'as pas compris…

MartO : Maude...

Maude : Si tu pars, nous ne changerons plus rien, jamais. Et rien n'aura plus de sens. À commencer par nous.

MartO : C'est ce qui nous arrive.

Maude : J’ai dit.

MartO : Oublie-moi.

Maude : JAMAIS.

AVANT LA SCENE 4

Entrée de MartO en cliniclown.
Trois mois plus tard. Un grand Centre Hospitalier de Traitement des Accidents Vasculaires Cérébraux. MartO porte un nez rouge, elle s'adresse au public composé de patients. Par moments son débit est très rapide.

4. Le nez rouge

MartO : Bonjour ! Bonjour à tous ! Bonjour à chacun de vous ! Je m'appelle MARTAU, oui comme un marteau. Voilà ... Et vous ? Vous madame... ? *(Le spectateur répond)* Patricia , et bien bonjour Patricia, bienvenue Patricia ! Vous, Monsieur ... votre prénom est... ? Michel ? Bienvenue Michel ! Juste pour se présenter un peu... *(Elle continue à faire connaissance avec le public, et peut présenter les gens entre eux...)* Voilà ... Je vous souhaite à tous le meilleur séjour possible à l'institut Saint-Éloi. Vous êtes là pour recouvrer toutes vos facultés cérébrales et moi pour vous y aider. Et ça, *(montrant le nez rouge de clown)* ça peut suffire, pour se parler. Un peu. Un peu pas comme normalement. Pour se parler autrement que de normal. Parce que ÇA *(elle touche son nez rouge)* ce n'est pas un nez normal du tout ! Et c'est bien ! C'est pour des bonnes bêtises dire avec ! Et si j'ai ÇA *(elle touche son nez rouge)* c'est pour bien rigoler avec... Bon ! Donc on peut s'interroger aussi l'un l'autre et dire comment on se sent et ce qui ne vas nain et ce qui va bien et ce qui pourrait aller mieux ! OK ? Bon, suis là pour que vous disiez tout et si voulez pas : je peux partir, aussi. Je pars ? *(Elle pose la question à la salle)* Je pars ? Si voulez ? Non ? Oui ? Bon ! Alors, je reste et vu qu'on n'a pas le choix ? D'être là. Je veux dire, VOUS en tout cas. MOI bien, j'ai choisi. VOUS PAS. Alors quoi ? Je reste et ON y va ! C'est sûr ça. C'est une bonne raison pour y aller. On n'a pas le choix d'être là. On y est ! ON y va ! Mais on a le choix de ce qu'on y fait et d'y aller ou pas ! Et puis d'abord aller où ça ? D'y aller, quoi, c'est une façon de parler. Ça veut dire de faire, enfin. De décider et de faire quelque chose de ce qu'on fait ici. De ça on a le choix. Alors ? On y va ? Qu'est-ce que tu fais ici, toi ? Vu que t'as pas le choix d'y être, mais le choix d'y faire ce que tu y fais ? Qu'est-ce que tu choisis d'y faire ? En toute liberté. Bien sûr ! Houi ! Houi ! Toi ! Qu'est-ce-que c'est que ça maintenant pour un terme. Dis ! Tout de suite les gros mots ! LA LIBERTÉ… ! Oui mais, oui mais, oui mais dis !… Comment ça ? Bon sang, mais c'est bien sûr, la liberté de choisir ce que tu fais ici, vu qu't'as pas eu la liberté de choisir d'y être ou pas. Qu'est-ce que tu fais de la liberté d'y faire quelque chose ou pas ? La liberté c'est un cadeau ça ! Ah ça ! Oui Monsieur ! Un cadeau que tu peux offrir et recevoir seulement si tu sais la respecter et si tu fais quelque chose avec. Tu donnes la liberté et tu reçois la liberté. De qui et à qui ? Faut organiser tout ça et c'est ça qui est tof et pas triste ! Qui donne et qui reçoit ! Tout le monde peut être heureux avec ça ! En tout cas si on ne tape sur le nez de personne, surtout pas le mien, il est assez rouge comme ça ! Et surtout si on n'empêche la liberté de personne. Parce que LA liberté c'est trop vague enfin ! Et une drôle de vague que tu peux couler avec. Mais TA liberté, MA liberté, ça c'est concret. Seulement souvent MA liberté c'est différent de TA liberté. Y a pas deux libertés pareilles. Y en a un qui a dit que Ma liberté s'arrête où commence TA liberté... oui mais, oui mais, oui mais stop ! Alors quoi ? MA liberté STOP où commence TA liberté ?... Alors MA liberté de là à là... *(Elle marche de façon clownesque en comptant les pas le long d'une ligne ou d'un carré qu'elle arpente au sol)* et là STOP, et de là à là TA liberté ? Et moi alors je suis où ? De là à là, je suis dans MA liberté ou dans TA liberté ? Qu'est-ce que ça veut dire... si je suis dans MA liberté, je ne suis pas dans TA liberté, je suis de là à là et là MA liberté STOP et j'entre dans TA liberté ? Mais pourquoi pas ! Dis ! Mais pourquoi pas ! C'est super chouette ça ! À condition de respecter MA liberté comme tu respectes TA liberté ! La tienne et la mienne. C'est sûr que je peux entrer là, dans TA liberté puisque la mienne stop ici, mais pour autant que je la respecte... oui mais oui mais, oui mais... alors ça fait que si je respecte la liberté de tous les autres je peux entrer partout dans LEUR liberté et je suis libre partout où j'entre ? Où que je sois ? Si je respecte ! Dis ! Tu te rends compte ?! Je suis libre de là à là parce que c'est MA liberté, *(elle arpente et elle trace un espace énorme)* de là à là parce que c'est TA liberté, de là à là parce que c'est TA liberté, de là à là parce que c'est TA liberté, de là à là parce que c'est TA liberté, de là à là parce que c'est TA liberté, de là à là parce que c'est TA liberté, de là à là parce que c'est TA liberté, de là à là parce que c'est TA liberté et de là à là parce que c'est TA liberté ... mais tu vois un peu la grande place où je suis libre !? De Groote Markt !!! Houi, houi ! Dis !? C'est énorme !! Si je RESPECTE. MA, TA, SA, NOTRE, VOTRE, LEUR liberté, c'est TOF !!! Et quand on entre on demande bien à qui c'est la liberté où on est entré... et on la respecte. Par exemple... si je rentre dans TA liberté et que je la respecte, je suis libre avec TOI et TOI avec MOI et TOI avec MOI et TOI et TOI et TOI et TOI et TOI et TOI et TOI et TOI avec NOUS ! Et eux aussi ! TOI avec TOI, TOI avec TOI, TOI avec TOI, avec TOI, avec TOI, avec TOI, avec TOI et avec EUX et NOUS avec TOI et EUX avec EUX et NOUS avec EUX, avec EUX, avec EUX, et avec NOUS on est TOUS libres ENSEMBLE, parce qu'on respecte TOUS LA LIBERTÉ de TOUS. ET ON EN FAIT QUOI ? On en fait quoi ? D'être libres ENSEMBLE ? Bon, on peut dire que ça va aller pour se parler par exemple. Hein ? Je respecte ta liberté de parler, parce que tu respectes la mienne. Alors on se parle. ... OUAIS ! BON ! Seulement y doit y avoir un t'mistverstand, un malentendu-malcompris enfin, parce que zut ! T'as déjà bien regardé dehors, je veux dire dans L'MONDE ? Tu veux bien avouer que ça ne va pas comme ça du tout... hein !? MA liberté, Ta liberté !

Et tous ensemble, mon œil, OUI ! Personne ne fait ça !! Mais potverdomme nom d'un petit bonhomme ! Tu veux bien me dire POURQUOI ON SE TAPE SUR LA GUEULE PRESQUE PARTOUT ENTRE PRESQUE TOUT LE MONDE ! DEPUIS DES SIÈCLES ET DES SIÈCLES ET POUR DES SIÈCLES ET DES SIÈCLES ON DIRAIT ! ET QUE ÇA NE FAIT QU'ÊTRE DE PIRE EN PIRE ! Tu veux bien me dire pourquoi !? Si tu sais enfin. Je ne veux pas exiger de demander une… allez, LA réponse si tu ne sais pas, m'enfin y en a marre !! Alors qu'on pourrait respecter les mètres carrés de liberté qu'on pourrait décider qu'on donne et qu'on reçoit à chacun et à tout le monde petit à petit ! Y en a qui dise que ça va de mieux en mieux ! Oui ça ? Tu trouves ? Et toi tu trouves ? Que ça va de mieux en mieux ? Allez, y disent que c'était pire avant et que d'un siècle à l'autre ça s'améliore. C'est qu'on ne sait pas fort d'où on vient et vers quoi on va. Soit on n'y était pas, soit on n'y sera plus. Alors évidemment ça laisse peu de chance de se rendre compte de ce qu'on a loupé tout comme de ce qu'on ratera… niet !! Trop tard pour ce qui était avant et trop tôt pour ce qui vient après ! C'est sûr que c'est plus encourageant de se dire qu'on a progressé, plutôt que le contraire. Ça dépend d'où on voit et quoi on regarde. Nous ici par exemple c'est exemplaire. Voilà. Nous, si on comprend que comme on n'a pas le choix d'être là, mais on a celui de savoir ce qu'on y fait, avec cette liberté là on peut TRANSFORMER LE NÉGATIF EN POSITIF. C'est ça qui est EXEMPLAIRE et ça dépend de chacun de NOUS ! Chaque jour ça progresse et je vois tous qui font des pas de géants vers leur sortie pour retourner à leur maison, chez leur famille qui les aide ou chez leur grand amour qui les aime ! Bravooo !!! Nous ici c'est EXEMPLAIRE. On sait d'où on vient et on a envie d'aller là où on va ! ET on y va ! En avant marche ! On y va ensemble ! On sait qu'on est tous mieux si chacun est mieux ! Et un tiens vaut mieux que deux tu l'auras et on marche et on mange et on dort et on se lève, se lave, se love, et donne et reçois et si tu veux, tu pourras me rendre heureux, comme un zouave de Pacha ! Et hop là et tu danses et tu te lèves et tu tiens et tu aimes et tu donnes et tu montres et tu viens et tu sonnes et tu portes et tu ris et tu aides et tu dis que chaque jour vaut la peine et moins de peine si tu donnes la main à ton voisin !!! On y va on essaye tous le même mouvement ?... *(Elle recommence et essaye d'entraîner son public dans sa cadence et ses mouvement bénéfiques)* Et un tiens vaut mieux que deux tu l'auras et on marche et on mange et on dort et on se lève, se lave, se love, et donne et reçois et si tu veux, tu pourras me rendre heureux, comme un zouave de Pacha ! Et hop là et tu danses et tu te lèves et tu tiens et tu aimes et tu donnes et tu montres et tu viens et tu sonnes et tu portes et tu ris et tu aides et tu dis que chaque jour vaut la peine et moins de peine si tu donnes la main à ton voisin !!! C'est bon, hop là ça potverdeke ça fait du bien, hein oui ! POSITIF ! C'est sûr ça ! C'est comme ça qu'on avance et qu'on arrive là où on veut être, puisqu'on sait d'où on vient… et en avant et en avant et encore un cran et puis on détend et puis on stoppe et on souffle… *(Elle calme le jeu doucement, son public semble se poser et reprendre son souffle, elle termine la séance posément)* La prochaine fois on va l'écrire, promis ! Je veux, je peux. OK ? La prochaine fois par écrit ! Ok ! On passe de l'oral à l'écrit, tous partant ? OK ! ÇA AUSSI ON TRANSFORME EN POSITIF. DE LA PAROLE AU BRAS ET À LA MAIN QUI TIENT LE CRAYON QUI ÉCRIT ! Ok ! Bon salut alors, à la prochaine et je vous aime. On fonce à demain… une main deux mains, une main demain, une main deux mains, une main demain et on serre et on se serre la main et les coudes et on se serre la main et les coudes, et on serre et on se serre la main et les coudes *(elle serre la main à son public de patients, puis comme si tout le monde était sorti, elle se lâche, elle s'écroule assise sur scène, elle ôte son nez rouge et elle s'éponge le front avec un grand mouchoir blanc, elle est exténuée…)*

5. Le bouton blanc

(Petit à petit, une femme assise dans une chaise roulante apparaît dans la lumière, derrière MartO. C'est Maude. Elle porte sur son visage la marque d'une tension qui le déforme légèrement. Son corps est engourdi et en petite torsion, ses traits sont tirés, son bras droit est paralysé, en bandoulière autour de son cou. Son bras gauche est valide à quatre-vingts pour cent. Pendant quelques instants, MartO lui tourne le dos, puisqu'elle est face à nous, puis, elle se retourne et ne la reconnaît pas tout de suite...)

MartO : Vous voulez me faire faire des heures supplément… ?

(Elle se fige, elle voudrait ne pas l'avoir reconnue. Long silence)

Maude : *(elle parle difficilement, elle cherche ses mots, parfois elle les transforme ou prononce des sons incompréhensibles, sa voix a un timbre irrégulier)* Aujourd'hui.

MartO : *(elle a du mal à retenir son émotion)* Maude…

(Silence)

Maude : Aujourd'hui.

MartO : Bonjour.

Maude : Aujourd'hui.

(Silence)

MartO : Tu es là… ?

Maude : Toi troulé la télête.

MartO : Quoi ? Tu veux dire... ?

Maude : Toi roulé la télête.

MartO : La télête ?

Maude : Toi roules la télête.

(Silence)

MartO : Tu étais là… *(silence)* Depuis quand ?

Maude : Parmesan.

MartO : Parmesan ?

Maude : Par-me-san.

MartO : Par… parm… pas un an ?

(Silence)

MartO : Pas longtemps ?

(Maude fait oui de la tête)

MartO : Tu me comprends ?

Maude : Vi.

(Silence)

MartO : Je… ne savais pas, Maude, je ne savais…

(Silence)

Maude : Ma mangé la télête.

MartO : Qu’est-ce qui s’est passé ?

Maude : Passé.

(Silence)

MartO : Tu étais là avec les autres, tout à l’heure ?

Maude : Vi.

MartO : Quand je parle, tu comprends ?

Maude : *(elle pose la question)* Vi. Moi ?

MartO : *(esquisse un sourire)* Oui. Oui… Je… je pense que je te comprends.

(Silence)

Maude : Tu roules ?

MartO : Tu veux dire ?

Maude : Tu roules ?

(Silence)

MartO : Je ne comprends pas.

Maude : Toi.

MartO : Tu veux que je te raconte ?

Maude : Toi.

MartO : Tu peux dire oui.

Maude : Vi.

MartO : Vi, c’est oui ?

Maude : Vi.

MartO : Et non c’est ?

Maude : Non.

MartO : *(elle esquisse un sourire, puis sort cette phrase inattendue, comme si elle lui échappait)* Même dans un téléfilm de série B on n'aurait pas osé nous faire rencontrer comme ça. (On fait quoi là… ?) *(Elle ne sait pas si en rire ou en pleurer, elle prend sa tête entre ses mains)*

(Tout à coup, Maude éclate dans un rire qui démarre comme une sorte de braillement, puis se métamorphose en un rire cristallin d'enfant. À la suite de quoi, elle se met à parler avec une cadence particulière, parfois cherchant ses mots, parfois les lâchant les uns à la suite des autres, dans une logorrhée qui a un sens pour elle, mais qui nous est en grande partie incompréhensible. MartO en reste bouche-bée…)

Maude : C'est pas dit. Pas dit. Pas dit. Vi-tais-toi-toi-tais-toitais-toi. Quand tournes ma tête troulé la télête. Je suis où je dois. Je pas suite aux idées, mais pas mal potage toi ici. Me caresse, ô moi. On verbons. On s'en va ? Ô t'aime.

(Silence)

Maude : Avec espoir un temps du temps trois temps tu veux peux et qui ose sinon nous nous attendons. Et voilà. La vie va. Douleur douleur douleur. Perdre. Pourquoi pas. Pourquoi pas. Pourquoi pas. La rirouniole. Setting, setting bave un peu.

La femme autrement. Et avec flamme. Autrement ajustons. Pitoyons. Polissonne. Listening out. Mais encore si toi on peut sinon on non. C'est arrivé. Qui sait ? C'est vrai. Tu l'as trounée. La télête. Partie. Et moi dans tout ça ? Je n'y étais plus non plus. Méchante comme un toc. Vroc, va ! Quel rire ! Ou frire ! Tu peux ? Tu pneu ? Dis, dis !

MartO : Je ne sais plus qui avait dit : un peu confuse dans l'oral, mais peut sûrement mieux faire…

(Les rires de Maude redoublent. Émotion. On a l'impression qu'elle comprend, même si elle n'est pas sûre d'être comprise. MartO non plus n'est pas sûre de la comprendre, ni d'être tout à fait comprise. Elles parviennent à dialoguer malgré tout…)

Maude : Depuis peu. Tu sais. Depuis peu. Depuis peu. Depuis pueux.

MartO : Ça t'est arrivé quand ?

Maude : Ça.

MartO : Oui. Quand ?

Maude : Tôt. La lune deux trois.

MartO : Comment ça se fait que je ne t'ai pas vue, avant ?

Maude : Institut Saint-Bono.

MartO : On t'a transférée ici… ?

Maude : Vi. Partage mieux. Tu penneu. Il y a un temps prout nou.

(MartO sourit et retient un rire, Maude se rend compte d'avoir fourché et d'avoir prononcé des mots drôles, elle éclate de rire, MartO la suit franchement, puis leurs rires s'épuisent, elles se regardent…)

MartO : Tu y es restée longtemps ?

Maude : À la programme. *(En faisant beaucoup d'effort, elle compte avec les doigts de sa main gauche, elle montre le chiffre trois)*

MartO : Trois ?

Maude : Vi.

MartO : Trois mois ? C'est arrivé il y a un peu plus de trois mois ?

Maude : Vi. Mais rira bien dernier.

MartO : Qui rira ? Quelque chose te… fait rire ?

Maude : Non.

MartO : Tu veux dire autre chose ?

Maude : Vi.

MartO : Tu veux dire… que… ça ira, c'est ça ?

Maude : Non.

MartO : Que… ça a été ?

Maude : Vi.

MartO : Que tu as été mieux le dernier mois ?

Maude : *(presque euphorique)* VI !

MartO : Tu as fait des progrès, c'est ça, depuis un mois ? C'est ça ?

Maude : *(même jeu)* VI ! VI ! Autres deux mois. Saint-Bono.

MartO : Ah… et puis seulement on t'a transférée ?

Maude : Vi.

MartO : Et ici ?

Maude : Trognon.

MartO : Tu râles ?

Maude : Non.

MartO : Sûre ?

Maude : Vi.

MartO : Quelqu'un te manque de respect ?

Maude : Non... Hamais... Caresse on a... troules... Beautifull...

MartO : Troules ça veut dire que tu es heureuse ?

Maude : Vi. *(Elle rit)*

MartO : *(très émue)* Excuse-moi, ton rire me trouble.

Maude : Troules.

MartO : Trouble. Oui, pardon. J'entends. Tu as raison d'en être heureuse, c'est bon signe. *(Un temps)* Comment tu te sens avec les autres ?

Maude : Ils douleurent.

MartO : Et toi ? Ta douleur ?

Maude : Gaspille-la pas. Quand même le carnage.

MartO : Tu as mal ? Je veux dire... dans ton corps ?

Maude : Quetsche. Et tout. Non. Trouleautrement.

(Silence)

MartO : Tu as dû avoir peur.

Maude : Vi.

MartO : Tu étais seule ?

Maude : Avant, mais non après.

MartO : Qui était là ?

Maude : *(avec beaucoup de difficulté)* Âpre… Jean.

MartO : Comment il t'a trouvée ?

Maude : Á la pelle foner.

MartO : Il t'a téléphoné ?

Maude : Vi.

MartO : Tu as dû paniquer.

Maude : Un radiateur. En coin. Sans décrocher l'an.

MartO : Tu n'as pas réussi à décrocher ?

Maude : Non.

MartO : Tu es restée seule combien de temps ?

Maude : Le demi-tour cadran plutant.

MartO : Six heures ?

Maude : Vi, plutant.

MartO : Attends, plutant, tu veux dire… plus longtemps ?

Maude : VI ! VI !

MartO : Ça a dû te paraître une éternité.

Maude : Vi.

(Un silence)

MartO : On t'a opérée ?

Maude : Vi.

MartO : Tu as un bon rapport avcc les médecins ?

Maude : Vi.

MartO : Tu as sûrement toutes tes chances de t'en sortir.

Maude : Moi sortir ? Je prends.

MartO : Raconte-moi.

Maude : … *(elle a une moue d'égarement)*

MartO : Même si je ne comprends pas tout, raconte.

Maude : Prête à moi. Expérons. Pas avant. Te savais là. Aujourd'hui.

MartO : Tu bouges ?

Maude : Assiette aussi pas sinon.

MartO : Tu veux dire que tu fais des progrès, mais toujours assise ?

Maude : Vi, VI !

MartO : Tu ne marches pas ?

Maude : Non. Cravache un pneu !

MartO : Tu veux ?

(Maude ne répond rien, mais sa mimique semble dire qu'elle n'ose pas encore. Un silence, MartO s'approche de Maude, elle lui fait comprendre qu'elle peut essayer de se lever, si elle le souhaite. Maude tente le coup. Avec une précaution affectueuse MartO l'aide à se lever, puis la soutient pendant les quelques pas que Maude effectue

au moyen de grands efforts et au bout desquels MartO l'aide à rejoindre son fauteuil et à s'y rasseoir.)

Maude : La liberté… Et fait… quoi ?

MartO : *(son visage s'éclaire dans un sourire qu'elle n'a jamais eu jusqu'ici, elle redit avec son accent)* Hein ? Et on en fait quoi ? Hein ?

Maude : Quoi !

MartO : Tu as entendu ?

Maude : Vi.

MartO : Tout ?

Maude : Vi. Félitlations. Tla mieux que tout. Et clap clap de fin aussi tant temps passé. Très bien bien bien.

MartO : Tu exagères…

Maude : Pique cafard, va.

MartO : Tu n'as pas changé.

Maude : Toi toi toi toi. En sommes. En sommes. Save pas. Hamais troprar. Nous deux

MartO : Jamais trop tard, non.

Maude : Un temps pour trou.

MartO : Oui.

Maude : Tu m'attraprends ?

MartO : Oui. Et je ne sais pas qui des deux attraprend l'autre. À ton avis ?

Maude : Ta vie. T'étais fourmis dans fourneau. Depuis leungtemps. Façon poire poison. Aujourd'hui autrement meieux.

MartO : Ça doit être ça.

(Un silence)

Maude : Tournioles ? *(MartO la regarde comme si elle n'osait pas répondre tout de suite, un silence, puis Maude lui repose la question)* Tu… re..vinioles le temps avant ?

MartO : *(elle respire profondément, puis avec une tendresse inédite)* Je suis bien ici.

Maude : *(elle chante légèrement les mots selon un exercice de phonation)* Lémotion dessert le crô, je pose meieux le mot.

MartO : J'entends. C'est bien.

Maude : Ici avec moi ?

MartO : Oui.

(Un silence)

Maude : On va tout fairevoire. Ici et en et aussi des tas différents. Les couvertures. Des tas les draps là et pas là. Plat choit. Toi. Plat choit. Message, massage. Pas sage. Et plas choit.

(Un silence)

MartO : Tu écris ?

Maude : Des frites. Ou du bébé glaçon.

MartO : *(elle sourit)* Ça me dit quelque chose.

Maude : Suis pas mère courage pour tantant.

MartO : Attends…

(MartO prend de quoi écrire, trouve un plateau et pose le tout sur les accoudoirs de la chaise roulante de Maude. Celle-ci, en déployant de grands efforts, se met à écrire. Elle écrit pendant un long moment. MartO la regarde, intensément, elle tourne autour d'elle, change de point de vue, elle est aimantée. Elle la regarde avec une tendresse lisible. Puis, Maude semble avoir terminé, dépose son crayon, prend le bout de papier et le tend à MartO qui le

prend et lit. Au fur et à mesure qu'elle lit, ses yeux se noient. Elle regarde Maude à plusieurs reprises, elle s'assied par terre, reprend la lecture, quand elle l'a terminée, elle relit l'un ou l'autre passage pour être sûre d'avoir bien déchiffré une écriture que l'on devine irrégulière, mais plus compréhensible que l'oral puis, regarde Maude un long temps comme pour mieux comprendre encore le sens de ce qu'elle vient de lire.)

MartO : Et tu me dis ça maintenant. Pourquoi ?

Maude : *(elle parle lentement avec intensité)* Temps pour nous. Ta vie ma vie a plat troulé mieux. Me fait ça. Hamais troprar. Me le moi toi. Me le. Caresse ici. Si. Si. Que nous peneu. Pouvons. Télête trouée. Avais peumé pations. Tué tout que donne envie. Da bord tué le temps. Plus temps pour rien. Rien au bout de rien. Gâcheuse. Valeuse de rien. Vrilleuse. Crassemasse. Ne pour sa on vie. Non. On vie non ne pour ça. La course assasse. Ine. Noit cœur. Gâcheuse. Tetend ?

MartO : T'entends.

Maude : *(elle s'illumine)* Aujourd'hui on vie. Tentend ? ON VIE.

(MartO fait oui de la tête, en silence)

Maude : Pour ça. Toi. Vi, vi, viiiiiii. Vuuouououi. Ouiouioui. OUI

(Maude semble frémissante d'avoir réussi à prononcer le mot OUI, elle reprend le bout de papier des mains de MartO, elles se regardent comme si elles se caressaient, ensuite Maude se met à écrire d'abord lentement puis de plus en plus lumineuse sous le regard aimant de MartO, jusqu'au noir.)

FIN

Remerciements :

Anne Beaupain, Laurence D'Amelio,
Catherine Papier, Christine De Cat, Hilda Persyn,
Geneviève Damas, Vincent De Cat, Willy De Cat,
Patricia Ide, Michel Kacenelenbogen,
Daphné d'Heur...

Achevé d'imprimer en 2020 sur les presses

de SNEL à Liège

Dépôt légal : **D/2020/ 15012/19**

Dans la même collection :

GOING HOME, Vincent Hennebicq

FICTION, Stéphane Pirard

CECI N'EST PAS UN RÊVE, Christine Delmotte-Weber

FRITLAND, Zenel Laci et Denis Laujol

SYNOVIE, Jessica Gazon

LES PETITS HUMAINS, Jessica Gazon

QUI A TUE AMY WHINEHOUSE ?, Pietro Pizzuti

COUP DE GRÂCE, Pietro Pizzuti

KIF-KIF, Pietro Pizzuti

EST-CE QU'ON NE POURRAIT PAS S'AIMER UN PEU ?
Éric de Staercke, Serge Bodart, Sandrine Hooge

L'HOMME DU CÂBLE, Thibaut Nève

TERRAIN VAGUE, Thibaut Nève

TOUTES NOS MERES SONT DÉPRESSIVES, Thibaut Nève

Les éditions des Oiseaux de nuit
remercient leurs mécènes :

Aurore Garriga, Sylvie Renous, Marie-Hélène van Rossum, Rachel Stojanov, Aurélie Vauthrin-Ledent, Emmanuel de Candido, Éric van de Graaf, Gisèle Remerie, Angélique Burnotte, Aurélie Collart, Françoise Descarpentries, Delphine Freyssinet, Baiba Akmane, Benoit Gilis, Edith Gilis, Valérie Detemmerman, Marianne Leclercq, Siham Najmi, L'Æncrophone Asbl, Anne Szimjonka, Hélène Cipra, Johanne Pastor, Christian Crahay, Roxane Stojanov, Deborah Danblon. Delphine Lenud, Petit Prince.